A VIDA EM VERSOS

Sobre o livro

Os poemas foram escritos para o autor participar do Concurso de Humor Jara Carillo e do 42º Prêmio de Poesia Cidade de Badajoz, ambos em 2023.

Infelizmente, o autor não foi o vencedor.

Índice

Testemunhas silenciosas

Assim como os pássaros, vocês voam,

Sobre tudo e todos, vocês passam.

Espalham-se como veias por todos os lados,

Em todos os lugares, vocês são encontrados.

Passam por casas, sobrevoam árvores e cruzam rios,

Onde quer que estamos somos observados pelos fios.

Não há limites para onde vocês podem chegar,

Até na mais distante cidade, vocês chegam lá.

Por meio de sua força a energia é transmitida,

Energia que liga todas as coisas e ilumina a vida.

Sem energia, a vida dos seres humanos pararia,

Nada do que usamos funcionaria.

Além da energia, vocês também carregam os dados,

Vocês possibilitam que o mundo continue conectado.

Em velocidade impressionante acontece a transmissão,

Há comunicação instantânea entre o Brasil e o Japão.

Diariamente vocês cumprem a sua missão,

Resistindo a cada dia e a cada mudança de estação.

Vocês estarão ali até o seu último dia de vida,

O dia no qual a fiação velha será substituída.

Rotina

Acordar, comer, exercitar,

Tomar banho e ir trabalhar.

Trabalhar, almoçar e trabalhar,

Voltar para casa, tomar banho, comer,

Ficar sentado e assistir tevê.

Dormir um pouco e depois acordar,

Mais um dia vou iniciar,

Novamente, vou me preparar,

Repetindo tudo sem cessar.

A rotina controla minha vida,

Faço a mesma coisa todo dia.

Nunca há nada novo para fazer,

Estou num filme repetido na tevê.

O filme acaba e começa novamente,

Não há descanso para a mente.

O cérebro funciona sem pensar,

De tanto repetir, sabe como executar.

Estou preso em um círculo sem fim,

Não há novo para mim.

Só posso seguir o já comecei,

Acordar, comer, exercitar.

Repetir mais uma vez…

Vermelho e azul

Vermelho e azul, vermelho e azul, vermelho e azul.

Eles estão vindo e não sei o que farão,

Eu não sei como eles me tratarão,

Sei que breve, em meu bairro, chegarão.

Vermelho e azul, vermelho e azul, vermelho e azul.

Eles chegam e falam muitas coisas, posso confiar?

Eles se aproximam e sei que não vão me respeitar,

Eles veem uma pessoa negra e começam a lhe acusar.

Vermelho e azul, vermelho e azul, vermelho e azul.

Eles acusam o negro sem nenhuma razão,

Eles o perseguem como se merecesse punição.

Seus direitos não são levados em consideração.

Vermelho e azul, vermelho e azul, vermelho e azul.

Eles continuam até prenderem o perseguido.

Eles o param e o tratam como um inimigo,

Eles agem como se tudo lhes fosse permitido.

Vermelho e azul, vermelho e azul, vermelho e azul.

Outro negro foi levado nas proximidades,

Outra pessoa pode ser vítima da maldade,

Outra pessoa tem roubada a sua liberdade.

Vermelho e azul, vermelho e azul, vermelho e azul.

Eles levam um inocente à detenção.

E lá enfrentará injusta punição,

Ele simplesmente foi jogado nessa situação.

Vermelho e azul, vermelho e azul, vermelho e azul.

A violência contra o negro foi exagerada,

E sua vida foi ceifada.

Mas essa não será a história contada.

Vermelho e azul, vermelho e azul, vermelho e azul.

Uma mentira sobre o que aconteceu será criada,

Uma que diz que outras vidas foram ameaçadas,

E a vida interrompida não valia nada...

Caos

A cidade não tem polícia,

O crime acontece a qualquer hora do dia.

A cidade não tem autoridade,

Cada um faz sua vontade.

A cidade não tem governante,

A violência está em um nível alarmante.

A cidade não tem legislador,

Crescem o medo e o temor.

O estado não tem governador,

Tudo está indo de mal a pior.

O estado não tem boas leis,

Cada lugar estabeleceu seus reis.

O estado não responde a nenhuma necessidade,

O povo vive em grande desigualdade.

O estado não tem justiça,

As pessoas não têm direitos em suas vidas.

O país não tem presidente,

Não há ajuda para a sua gente.

O país vive na desonestidade,

Ninguém vive corretamente ou fala a verdade.

O país não tem solução,

Todos estão condenados à destruição.

O país não durará muito tempo,

Todos morrerão em um breve momento.

Mudanças não desejadas

Sei que as estações devem mudar,
É o ciclo natural pelo qual a Terra deve passar.
O planeta tem que passar por transições,
Existem benefícios em cada uma das estações.

No entanto, não gosto de todas as alterações,
Não gosto do inverno e outono; estéreis e frias estações.
Estas são temporadas muito frias,
Estações com pouca luz durante os dias.

No outono começa a mudança na aparência,
A natureza perde a vida, perde a essência.
As folhas caem deixando as árvores descobertas,
Vejo outro mundo quando olho para elas.

No inverno há mais mudanças na paisagem,
A natureza mostra outra face e outra linguagem.
Ouvimos ventos fortes dizendo que o frio chegou,
O clima mais frio e escuro do ano começou.

Olho pela janela e lembro-me dos dias de verão,

Dias em que o sol aquecia o corpo e o coração.

Dias em que eu podia andar livremente,

Tempos em que todas as ruas estavam cheias de gente.

Sinto saudades de ter um destes dias,

Se fosse possível, apenas no verão viveria.

Porém, ninguém pode viver assim,

Anseio pelos dias em que a primavera virá sorrir.

Dificuldade para trabalhar

Chego ao meu escritório para começar a trabalhar,

Ligo o computador para a ação começar.

Estou pronto para muitas tarefas realizar,

No entanto, meu computador não quer cooperar.

A inicialização do sistema leva uma eternidade,

Não parece um equipamento da era da modernidade.

Sinto que estou lidando com uma máquina da antiguidade,

Uma máquina que não consegue nem somar com agilidade.

A tela trava na mensagem de bem-vindo,

Esse tempo de espera acaba comigo.

Estou impaciente e nervoso com essa situação,

Quero começar a exercer minha função.

Há uma mudança na tela, algo vai acontecer,

A verificação de erros vai ocorrer.

Isso significa que muito mais irá demorar,

Milhares de ações do computador, tenho que esperar.

Depois de perder muito tempo esperando,

O computador parece estar funcionando.

Vou usar, porém, tem outra surpresa,

O antivírus encontrou alguma coisa suspeita.

Ele interrompe todas as minhas ações,

Devo esperar por suas verificações.

Parece que finalmente posso fazer meu trabalho,

O computador está liberado para ser usado.

Abro as ferramentas que vou utilizar,

E o computador começa a travar.

Nenhuma das ferramentas funciona corretamente,

Para fazer algo tenho que ser muito paciente.

Ligo para o suporte de TI para obter ajuda,

Estou cansado de ficar sozinho nessa luta.

Alguém chega e meu computador, começa a analisar,

Então ele diz que não há nada para consertar.

Ele diz que tudo está como deveria estar,

E não há nada a fazer, só tenho que esperar.

Sou gentil e agradeço sua atenção,

Continuo trabalhando mesmo em má situação.

Aos poucos, a lentidão está melhorando,

E meu trabalho, finalmente, estou executando.

Saio do escritório e sinto a luz falhar,

Volto ao computador para ver como está.

Olho para ele com tristeza e decepção,

Ele desligou e está em nova inicialização.

Aqueles dias

Como foram maravilhosos aqueles dias,

Quando eram muito mais simples nossas vidas.

Vivíamos livremente, sem nenhuma preocupação,

Nosso único desejo era ter diversão.

De manhã tínhamos que ir à escola,

E mesmo estando ali, a vida era boa.

Algumas matérias, tínhamos que estudar,

Tudo era muito fácil, não havia risco de reprovar.

Havia também um lugar para encontrar os amigos,

Um lugar onde muitos grupos foram estabelecidos.

Grupos de crianças com interesses parecidos,

Grupos onde cada um se sentia incluído.

Voltávamos para casa rapidamente,

O episódio do desenho já estava em nossa mente.

Todos viam o mesmo desenho na televisão,

E mais tarde, esse era o tema da discussao.

Cada um de nós era um dos heróis,

Cada um sonhava como seria ter seus poderes.

Criávamos mundos imaginários infinitos,

Mundos onde todos os conflitos eram resolvidos.

Em nossas mentes não havia nada impossível,

Na imaginação, todas as coisas eram possíveis.

Toda a tarde brincávamos nas ruas,

Torneios esportivos internacionais estavam em disputa.

Éramos os atletas que víamos jogar,

Sonhando que um dia também estaríamos lá.

Também passamos horas brincando de pega-pega,

Ou brincávamos de esconde-esconde, que época!

Às vezes, os jogos duravam até tarde da noite,

As mães vinham nos procurar com um "chicote".

Todas ficavam furiosas com a nossa demora,

A diversão não nos deixava ver a hora.

Voltávamos para nossas casas apenas para nos lavar,

Pensando que em breve voltaríamos a brincar.

Esta era a tarefa mais importante de nossas vidas,

Era assim que vivíamos todos os dias.

Lembranças

Às vezes, lembro-me de muitas coisas do passado,

Lembro-me de muitos lugares onde estive.

Lembro-me de muitas pessoas que vi,

Tenho muitas lembranças do que vivi.

Sinto falta das ruas em que brinquei,

Sinto falta das ruas por onde andei.

Naquela época, tudo parecia tão habitual,

E hoje vejo como tudo isso foi especial.

Sinto falta das pessoas que moravam comigo,

Foi uma vida maravilhosa, cheia de amigos.

As relações eram muito mais sinceras,

E com certeza houve algumas brigas,

Mas não ficávamos tristes ou magoados,

Não demorava a estarmos reconciliados.

A amizade sempre nos mantinha lado a lado.

Sinto falta das casas onde vivi,

Principalmente quando passei por ali.

Lembro-me de como brinquei naquela casa,

Lembro até de como minha mãe gritava.

Cada uma dessas casas me traz sentimentos,

Cada uma delas revive em mim os bons momentos.

Sinto falta das garotas com quem conversava,

Lamento não ter tentado conquistá-las.

Sempre fui muito próximo delas,

E sempre as via muitíssimo belas.

Naquela época ninguém pensava em namorar,

Todo mundo só queria brincar.

Os dias que passaram são sempre mais especiais,

Eles são sempre melhores que os dias atuais.

Desejo desesperadamente voltar àqueles dias,

Quero reviver intensamente aquela vida.

Sempre presente

Onde quer que haja pessoas, você está lá,

Sempre esperando alguém te usar.

Alguns te usam delicadamente,

E outros, ao contrário, te usam agressivamente.

Você é usada em todo tipo de lugar,

É muito versátil, há milhares de maneiras de usar.

Pode ser usado para algo expressar,

Ou então apenas para algo comunicar.

Não importa o que, alguém sempre te usará.

Está acostumada a expressar todo tipo de emoção,

O amor, o ódio e até te usam para pedir perdão.

É usada quando as pessoas estão enfermas,

E também para as pessoas serem curadas.

Está acostumada a ambientes muito formais,

E também a ambientes muito casuais.

Os ricos te usam, mas são tipos refinados,

Os tipos populares não são utilizados.

Pode ser feita de metal, plástico ou outro material,
Independentemente do que é feita, é muito essencial.
Sem você, muitos acordos não seriam firmados,
Grandes planos não seriam executados.
Tudo o que deve ser feito ficaria parado,
Faltaria o mais importante para o acordo ser assinado.

Faltaria a caneta, protagonista da situação,
Sem a caneta ninguém assina sua decisão.
São essenciais mesmo para a mais desenvolvida nação,
Sem elas, todos ficariam em grande confusão.

Sem canetas não haveria anotações,
Quem se lembraria do que disseram nas reuniões?
Sem canetas não haveria bilhetes amorosos,
Nem mesmo os textos com escritos melosos.
Sem elas, os escritórios não teriam comunicação,
Porque ninguém poderia registrar a informação.

Espero que as canetas vivam eternamente,
Que elas sempre estejam na vida da gente.
Que a caneta seja sempre reinventada,
E dessa forma, nunca deixa de ser usada.

Emoções

Às vezes, vejo algo que desperta minha fascinação,

Olho para isso e penso: que grande perfeição!

Continuo olhando porque gosto dessa sensação.

Outras vezes, as coisas me deixam irritado,

Vejo algo e imediatamente fico enojado.

Gostaria que esse momento fosse apagado.

Há muitas coisas que são dignas de adoração,

Não a adoração religiosa, elas merecem apreciação,

É ótimo o que está diante da minha visão.

E há aquilo que merece apenas o nojo,

Causa grande repulsa e não consigo olhá-lo,

De nenhuma maneira posso aceitá-lo.

Outras coisas enchem meu ser de vontade,

Desejo intensamente que seja minha realidade,

E sou dominado por essa necessidade.

E muitas outras despertam grande medo,
Mal os imagino e já estou tremendo.
São coisas que provavelmente não me aproximo.

Há dias em que aprecio a diversão,
Aprecio cada momento de descontração.
Aproveito tudo o que acontece em cada situação.

Outros dias são feitos para o tédio e aborrecimento,
Não há nada de bom em nenhum momento,
O dia se arrasta em grande sofrimento.

Vivo alguns momentos com muita calma e tranquilidade,
Tudo é maravilhoso, a paz reina na totalidade,
Espero continuar vivendo essa boa realidade.

As esperanças são arruinadas por alguma confusão,
Tudo fica caótico, tudo parece sem solução,
Isso me deixa perdido e sem uma boa reação.

Há momentos em que sou dominado pela simpatia,
Procuro estar bem e transmitir boas energias,
Quero que todos ao meu redor vivam com alegria.

O contrário também acontece, e às vezes, sinto inveja,
Se não estou bem, não quero que ninguém esteja,
Faço o meu melhor para perturbar quem quer que seja.

Todos os dias, vejo muitas coisas e aprecio sua beleza,
Existem muitas coisas bonitas, especialmente na natureza,
Obras magníficas e especiais, obras com grande nobreza.

E também há o que causa desconforto e perturbação,
É tão terrível que penso ser minha imaginação,
Isso não deveria estar visível, deveria estar na escuridão.

Meus pensamentos às vezes voltam ao passado,
Lembro-me dos lugares, das pessoas e de tudo que foi deixado,
Parece melhor do que o que tenho agora ao meu lado.

Minha mente também fica ansiosa com o que virá,
Ela não quer estar aqui, quer estar em outro lugar,
Ela quer um novo caminho para trilhar.

Quando olho para minha esposa sinto um grande desejo,
Quero segurá-la em meus braços e lhe dar muitos beijos,
Quero curtir nossa paixão com muito sexo.

E há momentos em que sinto uma dolorosa empatia,
Sinto como se suas dores fossem minhas,
Faço o meu melhor para aliviar sua angústia.

Há coisas que me causam grande excitação,
Deixando meu espírito em grande agitação,
Não quero ficar parado, quero entrar em ação.

Também vejo muitas coisas assombrosas,
Coisas que merecem uma investigação minuciosa,
Porque produziram uma sensação muito espantosa.

Há o que vejo e já fico interessado,
Parece algo genial e eu quero experimentá-lo,
Tenho certeza que terei um bom resultado.

Também vejo coisas que causam grande horror,
Só de pensar já causam muito temor,
Geram sentimentos de profunda dor.

A vida também me traz muitas alegrias,
Sou abençoado com coisas boas todos os dias,
Há momentos em que tudo é uma grande maravilha.

Porém, também há momentos de tristeza,
Momentos em que me golpeia a fraqueza,
Momentos difíceis, sem nenhuma grandeza.

Sempre há romance com minha esposa amada,
Vivemos sempre de maneira apaixonada,
Sempre há muito amor e desejo em nossa casa.

Agora é minha hora de desfrutar da satisfação,
Cheguei ao final desta bela criação.
Acho que consegui expressar um pouco de cada emoção.

É um grande triunfo chegar a este lugar,
Sei que tentei o meu melhor para te encantar,
E espero que esse poema possa te tocar.

A casa da mente

A mente é como uma casa com muitas divisões,
Onde vivem as memórias, os sentimentos e as emoções.
Cada um dos ambientes tem sua aparência,
Cada um tem sua própria organização e essência.

Os sentimentos positivos estão em ambientes coloridos,
Todos usam muitas cores intensas, tudo é muito vívido.
O amor abraça todos que chegam a seu lugar.
Seu grande carinho, ele sempre quer compartilhar.

A alegria desperta sorrisos e animação,
Ela sempre diz que todo mundo merece diversão.
A alegria não deixa nenhuma pessoa desanimada,
Quando necessário, ela até faz piada.

A esperança renova as pessoas e suas vidas.
Dizendo que todos devem manter a alegria.
A ternura trata a todos amavelmente.
Ela quer que todos vivam afetuosamente.

O orgulho fica muito satisfeito com cada trabalho,

Ele se sente feliz por tudo que foi realizado.

A gratidão agradece a todos pela visita,

E recomenda que todo mundo seja grato por sua vida.

Os sentimentos negativos estão em lugares cinzentos,

Parece perigoso entrar em seus aposentos.

O medo não deixa ninguém se aproximar,

Acreditando que alguém o machucará.

A tristeza saúda a todos com pranto.

E sem perceber, quem a visita logo está chorando.

A culpa é sempre muito envergonhada,

Ela sempre pensa que as pessoas vão criticá-la.

O ressentimento lembra as dores do passado,

Ele é livre, mas se comporta como alguém acorrentado.

A inveja repara em todos que entram em seu lugar,

E tudo o que alguém tem, ela deseja tomar.

O ódio nem deixa ninguém entrar,

Ainda na porta, todas as pessoas, ele expulsará.

Ele odeia todo mundo sem razão,

Ninguém pode se aproximar de sua habitação.

É preciso cuidar de si mesmo ao andar pela casa da mente,

Existem muitas portas e caminhos diferentes.

É preciso seguir os caminhos mais vívidos e coloridos,

Aqueles que o recebem bem e o tratam como amigo.

De semente à árvore

A vida de todos está em constante movimento,
Sempre há algo acontecendo em todos os momentos.
O ser humano nunca ficará verdadeiramente parado,
Algo está sempre sendo executado.

No útero, um novo ser humano começa a crescer,
Suas funções essenciais começam a aparecer.
Seu pequeno coração dá as primeiras batidas,
Os pais ficam maravilhados ao ouvi-las.

O embrião se torna um bebê,
Como uma semente num vaso, seu corpo vai crescer.
Não demora muito e seus pais já podem ver como ele será,
A cada novo exame, aumenta a expectativa.
Os pais querem ver e tocar essa nova vida.

A barriga ficou pequena e o bebê tem que sair,
Para o grande mundo, ele terá que vir.
Um mundo onde tudo será muito diferente,
Um mundo onde você será visto e verá muita gente.

Os pais cuidam do bebê com amor incondicional,
Ambos querem protegê-lo de tudo que é mal.
Sua missão é garantir que ele cresça bem,
Tornando-se uma grande mulher ou um grande homem.

Até chegar à maturidade, há um caminho a ser seguido,
Primeiro, o bebê se tornará um menino.
Aprenderá a andar, falar e se expressar,
Ele aprenderá como se comunicar.

Do seu pequeno jardim, aumenta sairá,
Muitos outros brotos, ele encontrará.
Sua vida na sociedade começará,
Muitas coisas novas ele verá.

Seus galhos e folhas continuam crescendo,
Novas marcas em seu tronco estão aparecendo.
Ele olha para o seu corpo e vê coisas que não tinha,
Ele olha para outra pessoa e sente o que não sentia.

O tempo de novos relacionamentos começou,

Pela primeira vez, a pessoa se apaixonou.

Aprende-se como é doce o amor,

E também como é sofrida a dor.

No momento da dor, tudo parece terrível,

Sua recuperação parece impossível.

No entanto, as feridas sempre cicatrizarão,

O tronco foi reforçado para as tempestades que virão.

O tempo não para, entende-se o que é responsabilidade,

A vida lhe ensina que é preciso enfrentar a realidade.

Seus pais não poderão ajudá-lo para sempre,

Seus pais não viverão eternamente.

Aquele bebezinho se tornou adulto,

A semente tornou-se um tronco robusto.

Alguém forte e corajoso para enfrentar o mundo.

Alguém que fará o seu melhor todos os dias,

Alguém que será o grande protagonista da sua vida.

Buscando a sabedoria

Existem muitas coisas valiosas na vida,

E a mais valiosa delas é a sabedoria.

Ela é tão valiosa que ninguém pode comprá-la,

A sabedoria é uma joia que deve ser buscada.

Todos os dias a sabedoria está à disposição,

É preciso pensar cuidadosamente antes de cada decisão.

É preciso saber quando ficar calado,

Saber o momento em que algo deve ser falado.

Uma língua contida evitará muitas confusões,

Uma língua sábia evitará brigas e discussões.

Pode-se buscar sabedoria em seu trabalho,

Sempre buscando a melhor forma de executá-lo.

Também se pode evitar a preguiça e a negligência,

Trabalhando com perfeição e diligência.

Também se pode encontrá-la em sua condução,

Dirigindo com cautela, gentileza e educação.

Evitando brigas e situações desagradáveis,

Evitando comportamentos irracionais.

A sabedoria pode ser encontrada no lar,

A pessoa deve medir as palavras que dirá.

Alterando o tom para o outro não se zangar,

Na reação do outro, é preciso pensar.

É preciso se colocar no seu lugar.

A sabedoria está ao nosso alcance e deve ser alcançada,

Com ações simples, ela pode ser praticada.

A prática levará à perfeição,

A sabedoria estará sempre em sua mente e coração.

Sorriso

O sorriso da pessoa é sua carta de apresentação,

Um sorriso muda completamente a sua expressão.

Quem vê alguém sorrindo pode se alegrar,

O sorriso transmite que há música no ar.

Ver um sorriso pode mudar um péssimo dia,

O sorriso pode demonstrar elegância e simpatia.

Quem ganha o sorriso será contagiado,

E sorrirá retribuindo o sorriso dado.

Um sorriso doce pode mudar uma situação,

Sorrir pode ser um calmante e uma solução.

Aquilo que era sombrio e muito complicado,

Depois de um sorriso se torna algo claro.

O sorriso tem um poder encantador,

Depois de vê-lo, você pode começar um novo amor.

O sorriso desperta desejo e atração,

O sorriso pode acender uma paixão.

Todo mundo tem esse poder em seus sorrisos,

Todos deveriam usá-lo tornando o mundo mais bonito.

Não se preocupe se você não tiver o sorriso que gostaria,

O mais importante é compartilhá-lo todos os dias.

Admiração à distância

Anseio pelo momento em que te verei,
O momento em que perto de você estarei.
Para mim esta é a melhor hora do meu dia,
É o momento em que sinto que tenho vida.
É o momento em que tenho alegria.

Eu me aproximo e começo a te observar,
Como eu gostaria de me aproximar!
Não posso fazê-lo, está proibida nossa relação,
Apenas posso dar-te minha admiração.

Vejo você bela, maravilhosa e tão linda,
Vejo sua forma e é sempre tão bonita.
Meu coração bate forte quando penso em ti,
Sonho com o dia em que te terei junto a mim.

Às vezes, penso que deveria dar lugar ao meu desejo,
Devo me aproximar e fazer o que quero.
Algo dentro de mim diz que eu deveria fazer,
Cheguei ao meu limite, já não consigo me conter.

Decidi que hoje será o dia em que agirei!

Tudo o que sinto e desejo, declararei.

Respirei fundo e caminhei em sua direção,

Estou muito nervoso, sinto uma forte palpitação!

Não sabia o que fazer, te agarrei e te tirei da vitrine,

E logo alguém veio me repreender:

"Ei, moleque! Solte-o imediatamente!

Sei que você não pode pagar! Saia imediatamente!"

Saí da loja muito rapidamente,

Aquele bolo gostoso ficou na minha mente.

Será que algum dia poderei comprar?

Algum dia minha fome se saciará?

Paixão

A paixão é um dos mais belos sentimentos,
Um sentimento que sempre se mostra intenso.
A pessoa apaixonada vive o furacão da emoção,
Sua respiração acelera e bate mais forte o coração.
Em seu espírito sempre há exaltação.

Ninguém é feliz estando longe da sua paixão,
A pessoa faz seu melhor para manter a união.
A pessoa apaixonada quer viver a paixão intensamente,
O objeto de seu desejo nunca sai de sua mente.

A paixão pode ser por uma pessoa especial,
Uma pessoa considerada excepcional.
Admira-se a pessoa e faz-se tudo o que ela deseja,
Sem ela, a vida do apaixonado não é bela.

Existem pessoas apaixonadas pelo seu trabalho,
Trabalhando a todo momento, sem limite de horário.
Suas tarefas são sua razão de existência,
A empresa é o seu local de residência.

Pode-se ser apaixonado pela família,

Fazendo tudo por eles todos os dias.

Não há vida fora de seus entes queridos,

Pois está sempre atendendo aos seus pedidos.

Outros são apaixonados por equipes esportivas,

Eles vão ao estádio e acompanham todas as partidas.

A vida da equipe se torna a sua própria vida,

Compartilhando com eles suas tristezas e alegrias.

O cuidado é necessário em todos os tipos de paixão,

Para que esse sentimento não se torne uma obsessão.

Deixando o apaixonado em sofrimento e tensão.

É preciso equilibrar sua paixão com moderação,

Para ser feliz e viver sempre com satisfação.

Isso também passará

Está passando por um momento difícil em sua vida?

Não se preocupe, isso também passará.

Acha que hoje é o pior dia da sua vida?

Amanhã será outro dia, isso também passará.

Está vivendo um momento incrível?

Não se apegue a esse momento, isso também passará.

Está sentindo uma dor terrível?

A dor logo sumirá, isso também passará.

Está experimentando uma alegria excepcional?

Aproveite plenamente, isso também passará.

Está cansado de ver injustiça e maldade?

Não fique tão bravo, isso também passará.

Está muito animado com a bondade das pessoas?

Não fique tão feliz, isso também passará.

Seu parceiro partiu seu coração?

Esqueça essa pessoa, isso também passará.

A ansiedade por uma resposta te impede de dormir?

Relaxe e durma, isso também passará.

O medo do futuro não te deixa continuar?

Enfrente isso com coragem, isso também passará.

Os dias parecem ruins e sem esperança?

Mude sua atitude, isso também passará.

Nada é permanente, no final das contas tudo sempre passará.

A fraqueza

O homem acredita ser muito sábio e inteligente,
Sempre quer reafirmar a superioridade de sua mente.
Diz que trata tudo com muita firmeza,
Contudo, todo homem tem uma grande fraqueza!

O homem não é derrotado por outro com maior força,
O homem é derrotado por sua "outra" cabeça.
Ele sempre se rende diante da beleza.
Diante de uma curva, se vão suas certezas!

Não pode ver um lindo par de seios,
E isso muda suas prioridades e desejos.
O homem não consegue resistir à tentação,
Uma mulher bonita obscurece seu julgamento e razão.

E quando ele vê uma bunda muito grande,
Ele para e fica olhando por alguns instantes.
Diante disso, perde-se o sentido natural,
Retorna-se ao comportamento animal.

Motivação para trabalhar

Começo a trabalhar e procuro fazê-lo com devoção,
Trago dentro de mim uma grande motivação:
Tenho muitas dívidas para pagar.
Então, não tenho escolha a não ser trabalhar.

Se dependesse da minha vontade, não trabalharia,
Aqui só há espinhos todos os dias.
Neste trabalho nunca há tranquilidade,
Sempre há alguém testando minha bondade.

Alguém vem e fala muitas besteiras,
Outro vem e me conta sua vida inteira.
Meu Deus! Quanta chatice tenho que engolir!
Aguento tudo e ainda tenho que sorrir.

Esta é a vida dolorosa de grande parte da nação,
Todos suportam pela mesma razão:
Todo mundo trabalha duro para sobreviver.
Pois debaixo de uma ponte, ninguém quer viver.

O preço do sonho

Queria abrir minha própria companhia,
Não queria ser empregado, desejava ter outra vida.
Um grande empreendimento desejava iniciar,
Mas antes disso, a burocracia, tinha que enfrentar.

Pensei nos procedimentos e fiquei desanimado,
Para fazer tudo, tinha que correr por todos os lados.
Não existe caminho fácil para quem quer começar,
O governo é uma fortaleza que me impede de avançar.

Fui a um escritório do governo com muitos documentos,
Nem olharam para mim e disseram: "Espere um momento."
Esperei até que alguém teve vontade de trabalhar,
E pedi a Deus para poderem me aceitar.
É muito comum dizerem que algo não está de acordo,
Se isso acontecer, fico zangado, e de raiva, me mordo.

Cansei de esperar e disse: "Vai demorar?"

E responderam: "Só um momento, já vamos te ajudar."

O simples momento se tornou uma eternidade,

Não podia mais esperar com tranquilidade,

Minha angústia aumentava e tinha grande aflição,

E para piorar, ninguém me dava nenhuma informação.

Depois de uma longa espera, alguém veio me chamar,

Finalmente a coisa iria começar a andar.

A pessoa analisou toda a minha documentação,

Estava muito atento a cada expressão.

Para mim este é um momento de grande tensão,

Suor, boca seca, quase explodiu meu coração.

A pessoa ficou satisfeita com o que tem visto,

E disse que iria começar o processo de registro.

Graças a Deus! Agora posso respirar aliviado,

Agora vem a parte mais difícil: meu registro ser aprovado.

Devo esperar uma resposta do escritório,

Enquanto espero, continuo com minha vida e sonhos.

Sei que o governo está ocupado e isso demorará,

Porém, a vida do cidadão nunca parará.

Sonhos possíveis

Diariamente o mundo nos apresenta alguma novidade,

Sempre vemos maravilhas que nos darão felicidade.

O mundo nos encanta com tudo o que é produzido,

Todos ficam maravilhados com os sonhos que são vendidos.

É vendido o sonho da beleza escultural,

Você não terá barriga, mas sim perfeito abdominal.

Seu corpo será maravilhoso e altamente desejado,

Todos ao seu redor vão olhar e invejá-lo!

Como um deus grego, você será adorado.

Apenas uma coisa deve ser feita para que isso aconteça,

Algo muito simples, uma moleza.

Uma fórmula muito poderosa você deve comprar,

E magicamente seu corpo será esculpido.

Pode confiar cegamente, não há risco...

Vemos também o sonho da fortuna ultrarrápida,

Você terá milhões de notas instantaneamente!

O dinheiro chegará até você de forma mágica.

Você não terá que se cansar ou chatear sua mente,

Muito em breve, toda a sua vida será muito diferente.

Mude sua vida, junte-se ao nosso grupo de investimentos,

Conosco, seu retorno é garantido.

Você não se procurará em nenhum momento,

Confie em nós e seu dinheiro será multiplicado,

Não há nenhuma chance de algo dar errado!

Você também pode comprar o sonho do poder pessoal,

Você terá o poder de se declarar imortal!

Você terá acesso a um poder que ninguém tem.

Você estará muito acima do mal e do bem.

Você deixará de ser ninguém e se tornará alguém.

Comece hoje mesmo seu processo de transformação!

Venha ao nosso evento para pessoas vitoriosas.

Saia do conformismo e da resignação!

Renasça em sua nova forma gloriosa,

Tudo é possível mediante um pagamento e uma contribuição…

Você pode ter seu próprio empreendimento,

Você não terá que trabalhar todo o tempo.

Você pode ser o chefe e dono da sua vida.

Você pode escolher o quanto trabalhará a cada dia.

E você ainda terá muitos bônus e regalias.

Venha para uma reunião e descubra como ter liberdade,

Aprenda como ser um gerente-diamante.

Aprenda como liberar seu potencial e mudar a realidade.

Esteja disposto a subir na pirâmide e seguir em frente.

Esteja disposto a abrir sua mente e sua carteira instantaneamente...

Cheiros poderosos

Às vezes, entro em alguns banheiros e sou golpeado,

Está tudo muito fedorento, parece que algo morreu ali.

Se ficar naquele lugar, cairei desmaiado.

Se não sair rapidamente, não sei se vou resistir.

Não sei o que alguém comeu que foi tão destruidor,

Nem mesmo o lixo tem tão terrível fedor.

Acho que é preciso uma investigação,

Se não se cuidar, a morte lhe estenderá a mão.

Se é letal enquanto está vivo, quando morrer, o que acontecerá?

Se vivo já é muito difícil de suportar,

Quando morrer, acho que a terra o cuspirá.

Sobre o autor

Rafael Henrique dos Santos Lima

Graduado em Processos Gerenciais e M.B.A. em Gestão Estratégica de Projetos pelo Centro Universitário UNA. Cristão pela Graça de Deus. Apaixonado pela escrita (português, espanhol e inglês), poeta e romancista.

Contatos

rafael50001@hotmail.com

rafaelhsts@gmail.com

Blog: escritorrafaellima.blogspot.com

Agradecimento

Os sites abaixo contêm muitas informações úteis para a escrita deste livro.

Bing AI

Google Docs

Language Tool

Agradecimento especial

Agradeço a Deus. Ele me deu a inteligência para escrever os poemas.